WO IST PAULA?

Deutsch für die Primarstufe

2

Kursbuch

Ernst Klett Sprachen
Stuttgart

Von
Ernst Endt, Anne-Kathrein Schiffer, Michael Koenig, Nadine Ritz Udry, Claudine Brohy,
Lucrezia Marti unter Mitarbeit von Hannelore Pistorius

Das Lehrwerk ist eine Neubearbeitung der Titel „Der grüne Max – Deutsch für die Romandie" und „Der grüne Max 1 Neu"
von Elzbieta Krulak-Kempisty, Lidia Reitzig und Ernst Endt.

Wo ist Paula? Deutsch für die Primarstufe – Band 2

Kursbuch	605282
Arbeitsbuch mit MP3-Audios	605283
Lehrerhandbuch (zu Band 1 und 2)	605284
Lehrwerk digital (zu Band 1 und 2)	605292

Zu diesem Buch gibt es Audios oder Videos, die mit der Klett-Augmented-App geladen
und abgespielt werden können.

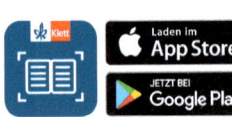  

| Klett-Augmented-App kostenlos downloaden und öffnen | Bilderkennung starten und **Seiten mit Audios oder Videos** scannen | Audios oder Videos laden, direkt nutzen oder speichern |

Scannen Sie diese Seite für weitere Komponenten zu diesem Titel.

**Audio-Dateien als mp3-Download unter www.klett-sprachen.de/paula/medien
Code: WiP@HT-1-2**

1. Auflage 1 $^{7\,6\,5}$ | 2024 23 22

© Ernst Klett Sprachen GmbH, Rotebühlstraße 77, 70178 Stuttgart, 2017
Alle Rechte vorbehalten.
www.klett-sprachen.de

Projektleitung und Redaktion Elke Sagenschneider Texte und Projekte, München
Innenredaktion Sabine Hoppe
Herstellung Carolyn Merkel
Layout Marlena Sang, Lassan
Illustrationen Nikola Lainović und Hans-Jürgen Feldhaus
Karten Theiss Heidolph
Cover Bettina Lindenberg unter Verwendung einer Illustration von Hans-Jürgen Feldhaus
Satz und Repro Fotosatz Amann, Memmingen
Druck und Bindung Elanders GmbH, Waiblingen

978-3-12-605282-5

Inhaltsverzeichnis

Wortschatz	Grammatik	Schatztruhe
Klassensprache (Schüler/Schülerinnen)		
Zahlen bis 100 Adresse: Strasse, Hausnummer, Wohnort	Fragen mit *wo* und *wie*	• Plakat: Unsere Klassensprache
Tätigkeiten in Freizeit und Unterricht	Fragen mit *was*; Konjugation 1.–3. Pers. Sg.; Verneinung mit *nicht*	• Steckbrief • Lernstrategien: Lernkarten, Nomen mit Artikel • Lied: „Das ist eine Banane"
		• Ausstellung: Saturnmenschen • Video: Der Besuch
Schulsachen	Bestimmter Artikel *der*, *das*, *die*	
Mobiliar, Klassenzimmer, Farben blau, grün, rot …	Unbestimmter Artikel *ein/eine* *kein/keine*	**Nicht nur Deutsch:** • Mathematik • Musik
Gesicht: Augen, Nase, Ohren, Mund, Haare	Plural von Nomen Possessivartikel *sein/seine*, *ihr/ihre*	• Kunst

Wortschatz	Grammatik	Schatztruhe
Haustiere	Personalpronomen *er/es/sie* Possessivartikel Neutrum: *sein/seine*	
Haustiere – Pflege	1.–3. Pers. Sg.: *füttern, sauber machen, gehen …*	• Lied: „Mienzi, Maunzi, Katzenklo" • Ausstellung: Mein Haustier
Tiere auf dem Bauernhof Tiersprachen		• Tiermasken basteln • Pantomime • Klassenzeitung
Adjektive: Charaktereigenschaften	Formen von *sein* Fragen mit *wie*	• Video: Das Schulfest • Plakat: Das sagt unser Lehrer / unsere Lehrerin
Tätigkeiten im Deutschunterricht und in der Freizeit	Konjugation 1. und 3. Pers. Pl. (*wir/sie*): *sein, mögen …*	
Klassensprache (Lehrer/Lehrerin)	Imperativ	**Nicht nur Deutsch:** • Biologie • Kunst • Musik

Symbole im Kursbuch

ich höre  4

wir sprechen

ich erzähle

ich lese

ich schreibe

du und ich

wir

wir spielen

wir machen ein Plakat

wir singen

frag Familie und Freunde

ich sehe den Film

ich mache ein Video

Schule und Freizeit

Ich kann ...

... im Deutschunterricht fragen und bitten.

... bis 100 zählen und meine Adresse sagen.

in der Konradstraße 100

in der Mozartstraße 37

in der Rhein

in der Baumstraße 50

in der Baumstraße 5

in der Rheinstr

... sagen, was ich gern mache und was nicht.

... meine Schulsachen nennen.

... Sachen in meinem Klassenzimmer nennen.

... Personen beschreiben.

Darf ich …? – Danke!

Ich kann im Deutschunterricht fragen und bitten.

1 Fragen und bitten in der Klasse

a Hört zu und seht die Bilder an.

b Hört noch einmal. Lest die Dialoge laut.

Situation A: Darf ich …?

Entschuldigung, darf ich auf die Toilette, bitte?

Ja, natürlich.

Entschuldigung, darf ich nach Hause?

Nein, jetzt nicht!

Situation B: Noch einmal, bitte!

> Übung drei ist Hausaufgabe.
< Entschuldigung! Noch einmal, bitte!
> Also, noch einmal: Übung drei ist Hausaufgabe!
< Wie bitte? Übung zwei?
> Nein, Übung drei: d-r-e-i!
< Ach so! Übung drei! O.k.!

Situation C: Wie heißt das auf Deutsch?

< Wie heißt das auf Deutsch?
> Ich weiß nicht … Keine Ahnung!
< Entschuldigung, Herr Kaiser, wie heißt das auf Deutsch?
> Das heißt Heft!
< Danke!
> Bitte!

AB 1+2

2 Frage-Antwort-Spiele

Übt die Situationen von Seite 8 in kleinen Gruppen.

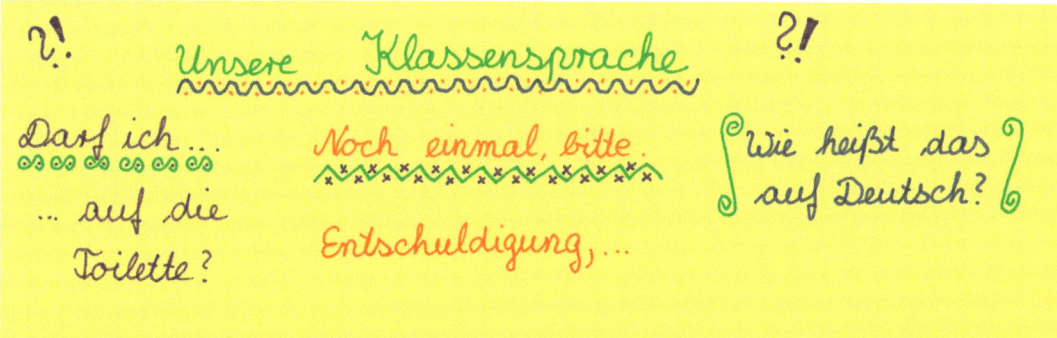

A

Darf ich das Fenster öffnen?

Ja!

Shampoo.
Shampoo!
S-h-a-m-p-o-o!

Wie bitte?
Noch einmal, bitte!
Ach so! Shampoo!

B

Wie heißt das auf Deutsch?

Ich weiß nicht!

Keine Ahnung!

C

Das heißt Papierkorb!

AB
3–5

3 Unsere Klassensprache

Wie fragt und antwortet ihr? Macht ein Plakat und hängt es im Klassenzimmer auf.

Portfolio

¿! Unsere Klassensprache ¿!

Darf ich...
... auf die Toilette?

Noch einmal, bitte.
Entschuldigung,...

Wie heißt das auf Deutsch?

In der Sonnenstraße 13

Ich kann bis 100 zählen und meine Adresse sagen.

1 Die Einladung

Lest den Text und beantwortet die Fragen.

Was macht Samuel?
Wo wohnt er?
Wie ist seine
Telefonnummer?

> Einladung!!!
> **Liebe** Nadine!
>
> Ich habe Geburtstag.
> Kommst du zu meiner Party?
>
> **Wann?** Dienstag am Nachmittag
> **Wo?**   In der Sonnenstraße 13 in Köln
> Meine Telefonnummer: 02 21 / 45 69 00
> Ich freue mich auf dich!   Dein Samuel

2 Zahlen von 13 bis 19

a Hört die Zahlen von 13 bis 19. Sprecht nach.

13	14	15	16	17	18	19
drei**zehn**	vier**zehn**	fünf**zehn**	sech**zehn**	sieb**zehn**	acht**zehn**	neun**zehn**

b Wo wohnen die Kinder? Hört zu und notiert im Heft.

Erol   Lina   Martin   Fatima   Maria   Nadine

Erol: Sonnenstraße 16,
Lina: ...

c Wer wohnt wo? Kontrolliert zu zweit Aufgabe 2b.

Wo wohnt Erol?

Erol wohnt in der Sonnenstraße sechzehn.

Lina wohnt **in der** Sonnenstraße ...

3 Und jetzt von 20 bis 29

a Hört zu und lest laut.

20
zwanzig

21
ein**und**zwanzig

b Wie heißen die Zahlen: **22**, **23**, **24** und **25**?

fünfundzwanzig   vierundzwanzig

dreiundzwanzig   zweiundzwanzig

c Und wie geht es weiter? Sprecht die Zahlen laut: 26, 27, 28 und 29.

4 20, 30 . . . 100

a Wie heißt die Zahl? Hört zu und sprecht nach.

Und so geht es weiter:
31: einunddreißig
32: zweiunddreißig
. . .

20	30	40	50	60
zwan**zig**	drei**ßig**	vier**zig**	fünf**zig**	sech**zig**

70	80	90	100
sieb**zig**	acht**zig**	neun**zig**	(ein)hundert

b Macht einen Kreis.
Spielt wie im Beispiel.

zehn

zwanzig

 AB 2–4

5 Mein Deutsch

Wo wohnst du? Wie ist deine Adresse?
Fragt in der Klasse.

Deine Hausnummer ist
121? Kein Problem:
hunderteinundzwanzig.

Die Adresse

So frage ich
Wie ist deine Adresse?
Wo wohnst du?
Und die Hausnummer?

So antworte ich
Sonnenstraße 13 in Köln.
(Ich wohne) **in der** Sonnenstraße, **in** Köln.
13.

AB 5

6 Wer wohnt in der Mozartstraße?

Wer wohnt in der gleichen Straße? Fragt wie im Beispiel.

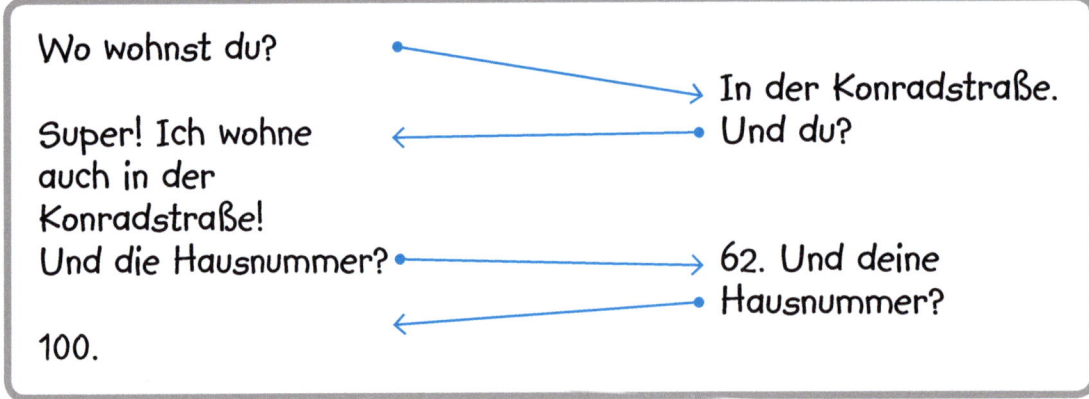

Wo wohnst du?

→ In der Konradstraße.

Super! Ich wohne auch in der Konradstraße!

Und du?

Und die Hausnummer?

→ 62. Und deine Hausnummer?

100.

in der Mozartstraße 13	in der Konradstraße 100	in der Mozartstraße 37	in der Rheinstraße 87
in der Seestraße 24	in der Baumstraße 50	in der Baumstraße 5	in der Rheinstraße 4
	in der Konradstraße 62	in der Seestraße 59	

AB 6

7 In anderen Sprachen

Wie heißen die Zahlen in anderen Sprachen: 19 – 27 – 51 – 65 – 80?
Fragt auch Eltern und Freunde.

8 Rechenspaß

a Wie ist deine Hausnummer? Mach eine Rechenaufgabe.
Das Ergebnis ist deine Hausnummer.

21 + 4 + 2 = **27**

b Wie alt bist du? Wie alt ist dein Freund / deine Freundin?
Und wie alt seid ihr zusammen?

9 Mein Steckbrief

Ergänze deinen Steckbrief.

Meine Adresse: …

Ich spiele gern …

Ich kann sagen, was ich gern mache und was nicht.

1

Anmeldung für die Ferienfreizeit
a Was macht Florian gern? Zeigt auf die Bilder.

Fußball spielen

> **Cool-Camp für Kids – Anmeldung**
>
> Wie heißt du? _Florian Wiese_
>
> Wie alt bist du? _10_
>
> Wo wohnst du? _In Bonn. In der Lilienstraße 17._
>
> Was machst du gern? ☺ _Ich spiele gern Fußball und lese gern._
>
> Was machst du nicht gern? ☹ _Ich schwimme nicht gern._

lesen

schwimmen

> **Cool-Camp für Kids – Anmeldung**
>
> Wie heißt du? _Marie Schneider_
>
> Wie alt bist du? _10_
>
> Wo wohnst du? _In der Auenallee 2 in Kassel._
>
> Was machst du gern? ☺ _Ich höre gern Musik und singe gern._
>
> Was machst du nicht gern? ☹ _Ich male nicht gern._

Musik hören

singen

b Was stimmt? Was stimmt nicht?
Fragt und antwortet wie im Beispiel. Wechselt ab.

malen

1 Florian wohnt in Bonn.
2 Marie wohnt in Nürnberg.
3 Florian ist elf Jahre alt.

4 Marie singt gern.
5 Marie malt gern.
6 Florian schwimmt nicht gern.

> Florian wohnt in Bonn. Stimmt das?

> Ja, das stimmt. Marie malt gern. Stimmt das?

> Nein, das stimmt nicht. Sie …

2 Mein Deutsch

a Was macht Lena gern? Was macht Ben gern? Hört zu und lest mit.

gern: **Klavier spielen,
singen, reiten**

nicht gern: **basteln,
malen**

gern: **lesen, Fußball spielen,
joggen**

nicht gern: **schwimmen,
Volleyball spielen**

b Hört noch einmal. Fragt und antwortet in der Gruppe.

So frage ich
Was macht ... **gern?**
Was macht ... **nicht gern?**

So antworte ich
Er liest **gern**.
Er schwimmt **nicht gern**.

er/sie mal**t**
er/sie l**ie**st
er/sie sing**t**
er/sie spiel**t**
er/sie hör**t** Musik
er/sie bastel**t**

Was macht Lena gern?

Was macht Lena nicht gern?

Lena spielt gern Klavier und ...

Lena ... nicht gern.

AB
1–3

3 Und was machst du gern?

Fragt in der Klasse.

ich mal**e**	du mal**st**
ich les**e**	du lie**st**
ich sing**e**	du sing**st**
ich spiel**e**	du spiel**st**

ich bast**le**	du bastel**st**
ich jogg**e**	du jogg**st**
ich reit**e**	du reit**est**
ich schwimm**e**	du schwimm**st**

AB 4

4 Kofferpacken

Spielt wie die Kinder im Beispiel.

15

Hören und Sprechen 1

1 **Schnelles Zahlenraten**
a Welche Zahl zeigt das Beispiel: 7, 25 oder 52?

Rechte Hand:
Zahlen 10 bis 50

Linke Hand:
Zahlen 1 bis 5

b Welche 3 Zahlen seht ihr hier?

Ⓐ    Ⓑ 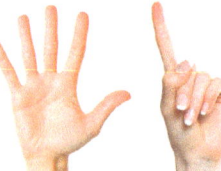   Ⓒ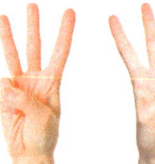

c Und jetzt ihr! Übt zu viert. Einer/Eine zeigt eine Zahl, die anderen raten. Wechselt ab.

2 **Partnerdiktat mit Zahlen**
Schreibt Zahlen (20–99) auf den Rücken von eurem Partner / eurer Partnerin. Der Partner / Die Partnerin muss raten.

3 **Zahlen in der Reihe**
Jeder sagt eine Zahl.
Sprecht wie im Beispiel.

dreiunddreißig

…

zweiundzwanzig

vierundvier…

4 **Aussprache: „ch"**
Hört zu und sprecht zu zweit nach.

8

*Ich male di**ch**.*   *Toll! **Ich** freue mi**ch**!*   *Ich spre**ch**e Grie**ch**isch.*   *Grie**ch**isch?
Ni**ch**t schle**ch**t!*

5 Aktivitäten

Welche Aktivitäten sind das? Erzählt.

Nummer 1 ist: Gitarre spielen

①  ②  ③  ④  ⑤

6 Lisa oder Sven?

a Wer macht was? Hört zu und notiert im Heft.

1 … macht gern Sport.
2 … spielt gern Fußball.
3 … schwimmt gern.
4 … macht nicht gern Sport.
5 … spielt nicht gern Fußball.
6 … hört gern Musik.
7 … spielt Gitarre.
8 … malt gern.
9 … singt gern.

Lisa: Sport (+),
    Fußball (+) …
Sven: Fußball (−) …

b Lest die Sätze mit den richtigen Namen laut.

7 Was stimmt nicht?

a Hört das Beispiel mit Lara und lest mit. Findet 2 Fehler.

gern (+) nicht gern (−)	Lara / 12 / Wien / Praterstr. 22	Erika / 11 / Zürich / Sonnenstr. 44	Martin / 11 / Kiel / Goethestr. 68
liest …	+	+	+
hört … Musik	+	+	−
singt …	+	−	−
malt …	+	−	−
spielt … Fußball	−	−	+
schwimmt …	+	+	+

b Stellt jetzt Erika und Martin vor.

c Hört zur Kontrolle. Alles richtig?

Buch, Heft, Kuli …

Ich kann meine Schulsachen nennen.

4

1 **Was ist denn hier los?**

 12

a Hört zu und zeigt auf die Sachen.

> *Ja, was ist denn hier los?*

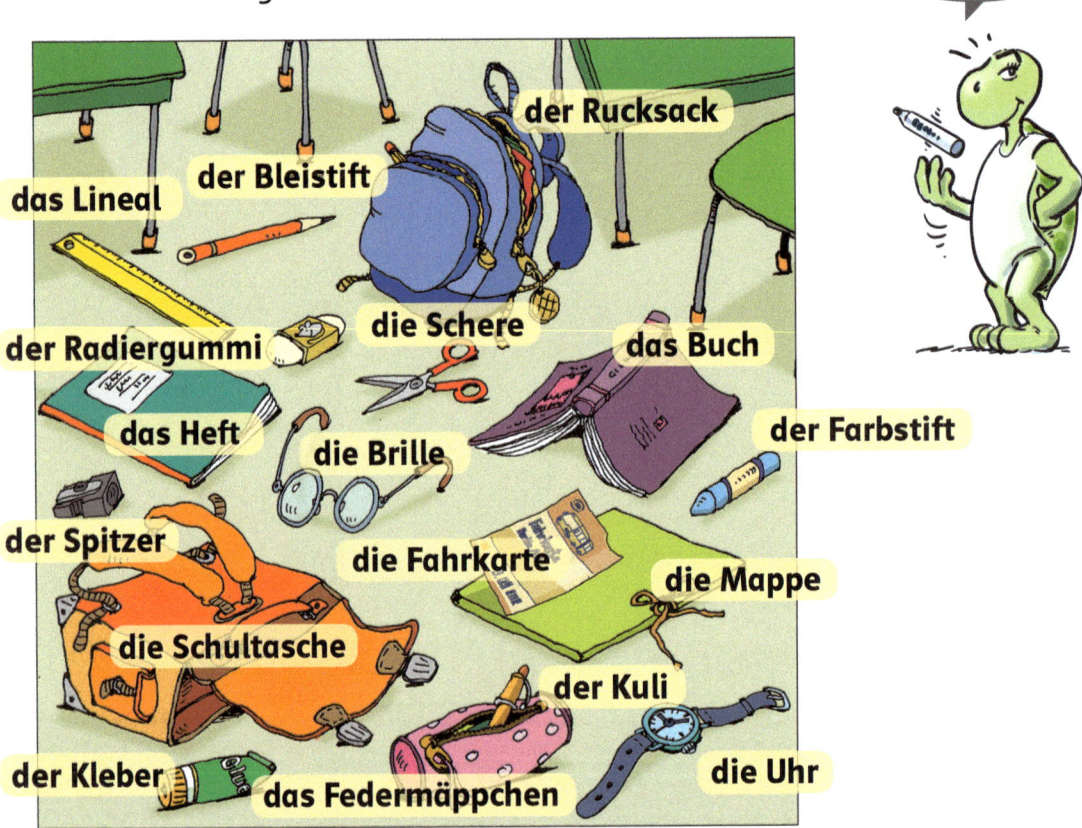

der Rucksack

der Bleistift

das Lineal

die Schere

der Radiergummi

das Buch

das Heft

die Brille

der Farbstift

der Spitzer

die Fahrkarte

die Mappe

die Schultasche

der Kuli

der Kleber

das Federmäppchen

die Uhr

 b Hört noch einmal und sammelt an der Tafel.

Geri	Laura
der Rucksack	die Schultasche
…	…

  c Geri oder Laura? Arbeitet zu zweit und sprecht wie im Beispiel.

> *Wem gehört das Buch?*

> *Das Buch gehört Geri.*

> *Wem gehört die Brille?*

> *Die Brille …*

 AB 1

2 Mein Deutsch

a Hört zu und sprecht nach.

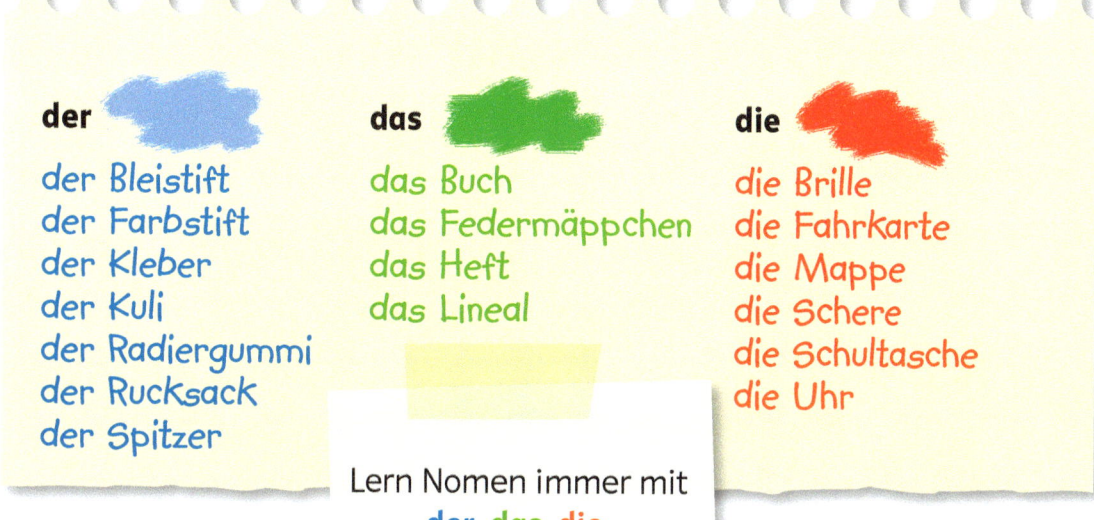

der	das	die
der Bleistift	das Buch	die Brille
der Farbstift	das Federmäppchen	die Fahrkarte
der Kleber	das Heft	die Mappe
der Kuli	das Lineal	die Schere
der Radiergummi		die Schultasche
der Rucksack		die Uhr
der Spitzer		

Lern Nomen immer mit der, das, die.

AB 2

b Notiert die Nomen aus 2a auf kleinen Lernkarten.

der Radiergummi   das Lineal   die Schere

c Arbeitet zu zweit. Fragt und antwortet wie im Beispiel. Tauscht dann die Rollen.

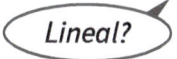
Lineal?   Das Lineal.

AB 3

3 Wie heißt das auf Deutsch?

Spielt zu viert mit euren Schulsachen.

Bleistift. Der Bleistift.

Wie heißt das auf Deutsch?

AB 4+5

Unser Klassenzimmer

Ich kann Sachen in meinem Klassenzimmer nennen.

1  **Ich sehe was, was du nicht siehst . . .**

a Hört zu und sprecht nach.

die Wand · das Bild · die Tafel · das Lernplakat · der Schrank · die Lampe · die Landkarte · der CD-Player · das Pult · der Beamer · der Computer · der Tisch · das Regal · rot · der Papierkorb · der Stuhl

weiß · schwarz · braun · gelb · blau · rot · grün · bunt

> Ich sehe was, was du nicht siehst, und das ist braun.
> Nein.
> Nein.
> Ja. Jetzt du!

< Der Stuhl?
< Der Tisch?
< Das Regal?

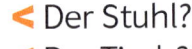

AB 1

 b Spielt das Spiel in der Klasse.

2 Mein Deutsch

a Was ist das? Das ist … Spielt wie im Beispiel.

 b Notiert die Sachen aus Aufgabe 1 im Heft.

der/ein	das/ein	die/eine
Tisch	Pult	Landkarte
…	…	…

AB 2

3 Welche Sachen gibt es in eurer Klasse?

a Macht Kärtchen und klebt sie an die Sachen.

die Tafel **der Stuhl** **die Landkarte**

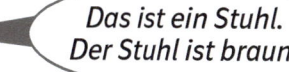

b Was ist das? Sprecht wie im Beispiel.

Das ist ein Stuhl. Der Stuhl ist braun.

 c Wie heißen die Sachen in eurer Sprache? Fragt auch Eltern und Freunde.

AB 3

4 Das ist doch kein Buch!

a Hört zu und sprecht nach.

15

Das ist **ein** Plakat.

Du spinnst, das ist doch **kein** Plakat, das ist ein Buch.

Das ist **eine** Landkarte.

Falsch, das ist doch **keine** Landkarte, das ist ein Lineal.

Das ist **ein** Computer.

Mensch, das ist **kein** Computer, das ist doch ein Rucksack.

b Spielt Dialoge wie in 4a.

Lampe – Schere

Bleistift – Lineal

Stuhl – Tisch

der Tisch – ein Tisch – kein Tisch

das Lineal – ein Lineal – kein Lineal

die Lampe – eine Lampe – keine Lampe

Das ist ein Bleistift.

Mensch, das ist doch kein Bleistift, das ist ein Lineal!

AB 4

5 Lied: Das ist eine Banane . . .

a Hört zu und singt mit.

16

Das ist eine Banane
und die Banane ist gelb.
Sie ist oben gelb, sie ist unten gelb,
oben unten gelb gelb gelb!
Das ist eine Banane
und die Banane ist gelb!

Das ist eine Traube . . .

Das ist ein Apfel . . .

Das ist eine Tomate . . .

b Was habt ihr noch? Singt das Lied mit Sachen aus eurem Klassenzimmer.

Das ist eine Tafel und die Tafel ist . . .

Augen: blau, Haare: …

Ich kann Personen beschreiben.

1  **Meine Freundin vom Saturn**

a Lest den Text und beantwortet die Fragen:

Wie heißt die Freundin?
Woher kommt sie?

das Haar – **die** Haar**e**

das Gesicht

das Auge – **die** Auge**n**

das Ohr – **die** Ohr**en**

die Nase

der Mund

der Zahn – **die** Zähn**e**

Das ist meine neue Freundin. Sie kommt vom Saturn und heißt Alpha-Z-V-23-17! Sie sieht lustig aus: Ihr Gesicht ist groß und rund. Ihre Augen haben zwei Farben! Das eine ist blau und das andere ist braun! Ihre Nase ist kurz und gelb. Ihr Mund ist breit und orange. Ihre Zähne sind blau und ihre Ohren sind klein und grün. Ihre Haare sind total cool: Sie sind blond und rosa und sie sind lang! Beim nächsten Fasching gehe ich auch als Saturnfrau!

b Wie sind ihre Augen? Wie ist ihre Nase? Wie ist …? Notiert im Heft.

Augen: blau und braun,
Nase: kurz …

c  17 Hört die Beschreibung von Alpha-Z-V-23-17 und kontrolliert.

d  Hört noch einmal und beschreibt Alpha-Z-V-23-17. Fragt und antwortet wie im Beispiel. Tauscht dann die Rollen.

Was ist blau und braun?

Die Augen! Ihre Augen sind blau und braun.

AB 1

2 Mein Deutsch

Beschreibt Daniel und Clara. Wie sind seine/ihre Augen? Wie sind seine/ihre Haare? …

Personen beschreiben

der Mund	**Sein** Mund ist …	**Ihr** Mund ist …
das Gesicht	**Sein** Gesicht ist …	**Ihr** Gesicht ist …
die Nase	**Seine** Nase ist …	**Ihre** Nase ist …
die Haare	**Seine** Haare sind …	**Ihre** Haare sind …
die Augen	**Seine** Augen sind …	**Ihre** Augen sind …
die Ohren	**Seine** Ohren sind …	**Ihre** Ohren sind …

Daniel

groß klein schwarz blau kurz grün lang weiß blond rot braun breit

Clara

AB 2

3 Wer ist das?

 18

a Welches Kind ist das? Hört zu und sagt den Vornamen.

 Kofi

 Maria

 Mark

   Lale

b Und jetzt ihr. Einer beschreibt ein Bild, der andere sagt den Namen. Tauscht dann die Rollen.

AB 3

4 Mein Freund ZYXPLOMB-58

a Zeichnet einen Saturnmenschen. Wie heißt er/sie? Macht eine Ausstellung.

b Beschreibt die Saturnmenschen. Die anderen raten.

AB 4

5 Unser Video: Der Besuch

a Seht das Video. Beantwortet die Fragen.

Wie sieht die Außerirdische aus? Beschreibt sie.
Wie heißt sie?
Wie alt ist sie?
Welche Sprache spricht sie?
Was heißt: Kulimba um?
Was heißt: Um kulimba?
Wie zählt sie? Zählt auf Saturnisch bis 12.

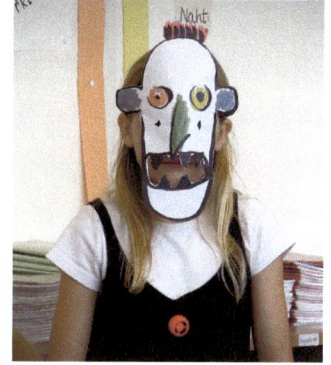

b „Saturnisch-Rätsel": Wie heißt Satz 4 auf Deutsch?

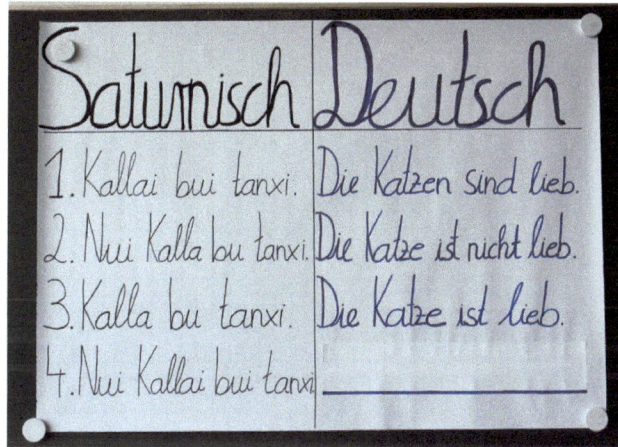

Saturnisch	Deutsch
1. Kallai bui tanxi.	Die Katzen sind lieb.
2. Nui Kalla bui tanxi.	Die Katze ist nicht lieb.
3. Kalla bui tanxi.	Die Katze ist lieb.
4. Nui Kallai bui tanxi	_____

c Seht das Video zu Ende. Wie heißt der Satz auf Saturnisch?

Paula ist lieb. _____

6 Besuch vom Mars

a Wie sprechen Außerirdische vom Mars?
Macht ein Sprachrätsel.

b Spielt Sprachkurs „Mars-Sprache"
und macht Videos.

Hören und Sprechen 2

1 Artikelgymnastik: „der, das, die"

a Lest die Sachen mit dem Artikel der, das, die vor.

der: Stuhl, Rucksack, Kuli, Joghurt, Orangensaft, Apfel, Hund, Bleistift, Mund, Tisch

das: Federmäppchen, Ohr, Auge, Müsli, Lineal, Buch, Heft, Auto, Bonbon, Mädchen

die: Tafel, Nase, Schokolade, Gitarre, Banane, Katze, Fahrkarte, Uhr, Schule, Lampe

b Macht drei Gruppen: Gruppe der, Gruppe das und Gruppe die. Macht das Buch zu und hört zu. Die Lehrerin / Der Lehrer sagt ein Wort. „Hast" du den richtigen Artikel? Steh auf und sag den Artikel und das Wort laut.

2 Was ist das? Finde die Sachen!

a Lies die Sachen mit dem Artikel (der, das, die) vor.

b Was ist er, es, sie? Einer liest vor, der andere antwortet. Wechselt ab.

(der) Er ist … braun.
(das) Es ist … braun.
(die) Sie ist … braun.

Er ist braun …

Das ist der Rucksack.

3 Herr Kommissar, ich habe ein Problem!

a Hört den Dialog. Wo ist Ines? Lest den Dialog dann zu zweit laut.

> Herr Kommissar, Herr Kommissar, ich habe ein Problem!

< Was ist los?

> Meine Schwester Ines!

< O.k. Ich höre …

> Wo ist sie? Ihre Augen sind blau.

< Soso, Augen blau.

> Ihre Haare sind blond.

< Aha, Haare blond.

> Sie ist 13 Jahre alt.

< Interessant, 13 Jahre alt.

> Sie hat einen Hund.

< Oho, einen Hund.

> Sie spielt gern Fußball.

< Ach ja, sie spielt Fußball? Hm … Alles klar, Ines ist in der …

> Danke, danke, danke!

< Der Nächste bitte!

b Ergänzt den Dialog. Wo ist Jeremy? Kontrolliert mit der CD.

> Herr Kommissar, …
> Bruder Jeremy
> Augen: braun
> Haare: kurz
> 13
> Katze
> singt gern
> …

< Was ist los?
< O.k. Ich höre …
< Soso, …
< Aha, …
< Interessant, …
< Oho, …
< Ach ja? … Klare Sache, Jeremy …
< …

Schulstr. 44
Augen: blau
Haare: blond
13 Jahre
Katze
Fußball (+)

Ferienstr. 78
13 Jahre
Augen: grün
Haare: schwarz
Katze
Fußball (+)

Schulstr. 93
Hund: Benno
Haare: kurz
singen (–)
Augen: braun
13 Jahre

Landstr. 99
12 Jahre
Augen: blau
Haare: rot
Katze
singen (+)

Sonnenstr. 93
13 Jahre
Haare: blond
Hund
Fußball (+)
Augen: blau

Landstr. 45
singen (+)
Augen: braun
Haare: kurz
13 Jahre
Katze

Goethestr. 89
Augen: braun
Haare: kurz
12 Jahre
Katze
Fußball (+)

Goethestr. 62
Augen: grün
Haare: schwarz
13 Jahre
Katze
singen (+)

c Spielt zu zweit weiter. Einer beschreibt eine Person, der andere rät die Adresse. Hört zuerst das Beispiel.

Lektüre

Die verhexten Rucksäcke

Das ist Anja Schöller. Sie ist 29 Jahre alt und wohnt in Frankfurt. Ihre Haare sind blond, ihre Augen sind blau und sie ist sehr groß. Sie ist Lehrerin an der Zollhaus-Grundschule. Hier ist sie in ihrer Klasse. Die Schüler machen gerade Plakate für ihr Klassenzimmer.

In diesem Haus wohnt Anja Schöller. Sie hat eine kleine Wohnung. Die Wohnung ist nicht weit von der Schule weg.

Ihre Schulsachen hat sie in diesem Rucksack: ihren Ordner, ihre Bücher, ihre Hefte, ihr Federmäppchen, ihren Laptop. Der Rucksack ist blau und ganz neu.

Das ist Florian Raab. Seine Haare sind schwarz und seine Augen sind braun.
Er ist zehn Jahre alt und wohnt auch in Frankfurt. Er geht in die Zollhaus-Grundschule in die Klasse 4c. Er mag seine Lehrerin. Sie ist sehr nett.

Hier wohnt er mit seinen Eltern und seiner Schwester Marita. Seine Schwester ist sechs Jahre alt. Er geht jeden Tag zu Fuß in die Schule.

Das ist Florians Rucksack. Im Rucksack hat er alles, was er für die Schule braucht: seine Hefte, sein Federmäppchen …

Es ist Dienstag. Die Schule ist aus. Die Kinder packen ihre Sachen und gehen nach Hause. Frau Schöller geht auch nach Hause.

 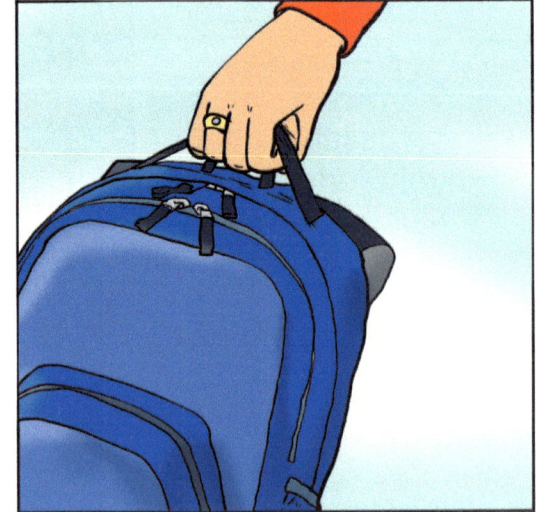

Florian ist zu Hause und will seine Hausaufgaben machen.
Er muss heute eine Geschichte schreiben und ein Gedicht lernen.
Er macht den Rucksack auf.

Frau Schöller sitzt an ihrem Schreibtisch und will ihren Unterricht für den nächsten Tag vorbereiten. Sie macht den Rucksack auf.

14:45 Uhr

Was ist denn hier passiert???

 22 **Wie geht die Geschichte weiter? Was denkt ihr? Hört zu.**

Tierisches und Freunde

Ich kann ...

… ein Haustier beschreiben.

… den Alltag mit Haustieren beschreiben.

… verschiedene Tiere benennen.

Muh! Mäh mäh! Piep piep

Kikeriki! Grunz grunz! Sssss!

… den Charakter von Personen beschreiben.

… über meine Klasse und Freunde sprechen.

Wir sind Freunde!

… meinen Lehrer / meine Lehrerin verstehen.

Komm mal bitte an die Tafel!

Hund, Katze, Hamster ...

Ich kann ein Haustier beschreiben.

1 **Wo ist Benni?**

a Lest den Text. Wer ist Benni?

Wo ist Benni???

Ich suche Benni! Benni ist ein Hundebaby. Er spielt gern und ist total lieb und süß! Sein Kopf ist weiß, schwarz und braun. Seine Schnauze und sein Schwanz sind weiß und schwarz. Und seine Ohren sind ganz schwarz. Seine vier Pfoten sind weiß und braun. Sein Fell ist kurz und sehr weich!

Hilfe! Benni ist weg!!!

Katharina Sanders

Hier ist meine Telefonnummer:

040 / 15 66 32 74
040 / 15 66 32 74
040 / 15 66 32 74
040 / 15 66 32 74
040 / 15 66 32 74
040 / 15 66 32 74

der Kopf   der Schwanz

das Fell

die Schnauze

die Pfote – **die** Pfote**n**

b Seht die Bilder an. Was ist das Thema: A, B, oder C?

Ⓐ Benni spielt gern.

Ⓑ Katharina sucht Benni.

Ⓒ Benni ist lieb.

c Das ist Benni. Notiert im Heft.

Sein Kopf ist	Seine Schnauze ist	Seine Ohren sind	Seine Pfoten sind	Sein Schwanz ist	Sein Fell ist
weiß, schwarz und …	…				

d Sprecht zu sechst. Fragt und antwortet wie im Beispiel.

 Wie ist sein Kopf?

Sein Kopf ist weiß, schwarz und braun. Und wie ist seine Schnauze?

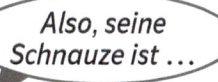 Also, seine Schnauze ist …

 AB 1+2

2 Am Telefon

 23 **a** Hört gut zu. Wo ist Benni?

 Er ist bei …

 24 **b** Wie geht die Geschichte weiter? Hört das Ende.

3 Hamster oder Meerschweinchen?

 25 **a** Hört zu und lest mit. Zeigt auf die Haustiere.

1 Mein Kaninchen heißt Sabinchen!

2 Der Hamster Hanno hat Hunger auf einen Hamburger.

3 Ein Meerschweinchen schwimmt im Meer und ruft: Ich mag nicht mehr!

4 Die Schildkröte fischt einen Fisch und legt ihn auf den Tisch.

der Fisch · das Meerschweinchen · die Schildkröte · der Hamster · das Kaninchen

 b Hört noch einmal und sprecht nach: allein oder alle zusammen, schnell oder langsam, laut oder leise …

 AB 3

35

4 Welches Tier ist das?

a Hört zu und seht das Bild an. Welches Tier ist das?

b Arbeitet zu zweit. Welche Tiere seht ihr noch?
Beschreibt. Der/Die andere rät.

> *Es ist klein. Sein Fell ist lang und weich. Es ...*

5 Mein Deutsch

Beschreibe dein/ein Haustier. Zeichne es oder bring ein Foto mit.
Dein Partner / Deine Partnerin kontrolliert.

Ein Haustier beschreiben

der Hund	Das ist **mein** Hund Bello. **Er** ist 1 Jahr alt und ist total lieb und süß! **Sein** Fell ist schwarz, braun und weiß ...
das Meerschweinchen	Das ist **mein** Meerschweinchen. **Es** heißt Basti und ist klein. **Es** ist 2 Jahre alt. **Sein** Fell ist weich und lang ...
die Katze	Das ist **meine** Katze. **Sie** heißt Minka und ist 4 Jahre alt. **Sie** spielt gern und **ihr** Fell ist weich ...

Der Hund: **Sein** Fell ist ...

Das Meerschweinchen: **Sein** Fell ist ...

AB 4+5

Füttern, spielen ...

Ich kann den Alltag mit Haustieren beschreiben.

1 Ich habe eine Katze.

a Lest die E-Mail.
Beantwortet die Fragen zu zweit.

Wer hat eine Katze? Wie heißt sie?

Liebe Lisa,

ich habe endlich eine Katze! Sie heißt Maunzi und ist ein

Geburtstagsgeschenk. Ich füttere sie und mache das Katzenklo

 und den Fressnapf sauber. Und ich spiele viel mit

Maunzi. Aber zum Tierarzt gehe ich nicht. Das macht meine

Mama! Ich bin so glücklich! Wie geht es dir? Schreib mir bald!

Herzliche Grüße Tanja

b Hört das Lied und lest mit.

27

Mienzi, Maunzi, Katzenklo,
Tanja macht die Katze froh.
Spielt mit Maunzi, füttert sie,
macht alles sauber, ja, yes, oui.

Hat die Maunzi ein Problem,
muss Mama schnell zum Tierarzt gehn.
Mienzi, Maunzi, Katzenklo,
Maunzi macht die Tanja froh.

c Hört noch einmal und singt mit.

d Lest die E-Mail noch einmal.
Was macht Tanja, was macht sie nicht?
Erzählt.

Tanja füttert Maunzi.

Sie macht das Katzenklo sauber.

Er/Sie   **füttert** ...
macht ... sauber
spielt mit ...
geht zum Tierarzt.

Musik

AB 1

8

2 Baden, streicheln . . .

baden

streicheln

spazieren gehen

 **28** **a** Hört zuerst zu und lest mit.

Barbara badet Balu in der Badewanne.

Stefanie streichelt Tiere im Streichelzoo.

Die Katze Maunzi geht spazieren.
Da sieht sie einen Spatz
und mit einem Satz
macht sie schmatz!
Das war's – der arme Spatz!

 b Hört noch einmal und sprecht nach: laut oder leise, schnell oder langsam, allein oder alle zusammen . . .

 ## 3 Wer macht was?
Was machen die Kinder mit ihren Haustieren? Erzählt.

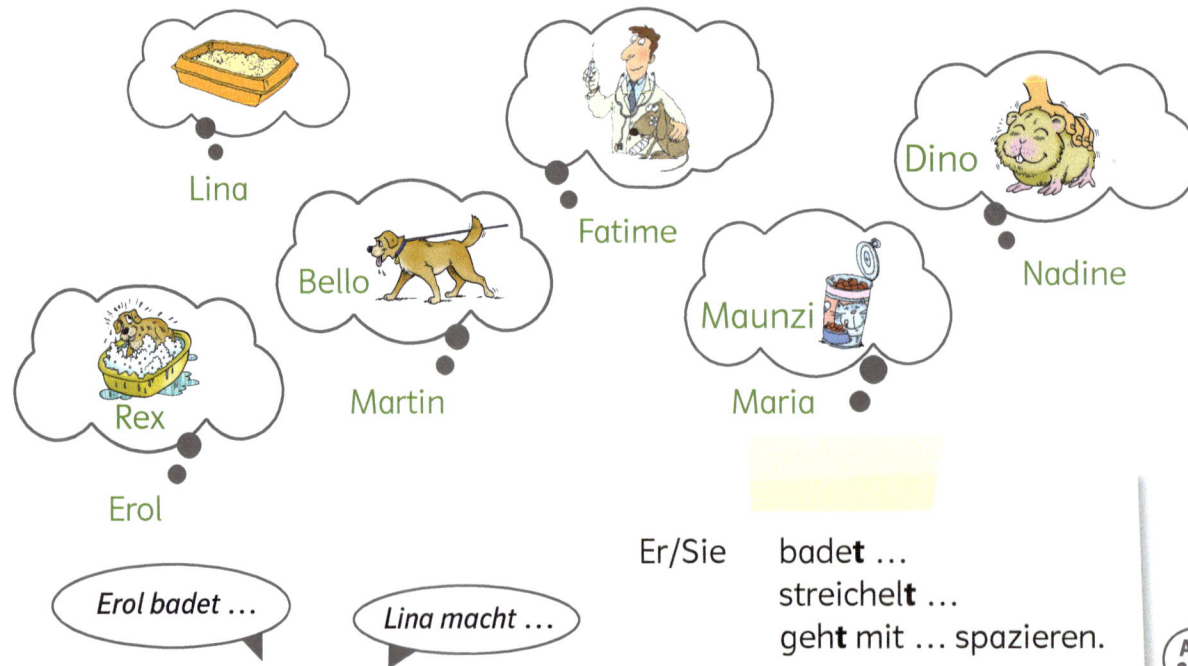

Lina

Fatime

Dino

Nadine

Bello

Maunzi

Martin

Maria

Rex

Erol

Erol badet . . .

Lina macht . . .

Er/Sie badet . . .
streichelt . . .
geht mit . . . spazieren.

AB 2–4

Biologie

4 Mein Deutsch

Oh nein! Die Tiere sind nicht glücklich! Was machst du mit den Haustieren? Erzähle.

das Aquarium

DINO

KNOBI

REX

Den Alltag mit Haustieren beschreiben

Ich geh**e** mit … zum Tierarzt und **ich** fütter**e** das … Und **ich** mach**e** das Aquarium / … sauber. **Ich** bad**e** … und geh**e** mit … spazieren.

AB 5

5 Mein Haustier

a Beschreibt den Alltag mit einem Haustier. Malt Bilder oder macht Fotos.

Das ist mein Hamster Paul. Er ist 9 Jahre alt und ein Geschenk von Oma Agathe. Er ist klein und sein Fell ist braun und weich. Ich streichle Paul gern. Seine Ohren sind weiß. Ich füttere Paul und mache den Fressnapf sauber. Ich spiele viel mit Paul.

	mach**e**
ich	spiel**e**
	streichl**e**

b Macht eine Ausstellung in der Klasse.

Portfolio

Kunst

39

Kikeriki und Muh!

Ich kann verschiedene Tiere benennen.

1 **Wie sprechen Tiere?**

a Hört zu. Welche Tiere erkennt ihr?
b Wie sprechen die Tiere aus 1a in eurer Sprache?
Spielt die Tiere – die anderen raten.

 *Hav hav*

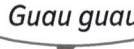 *Guau guau*

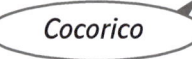 *Cocorico*   *Cockadoodledoo*

2 **Und auf Deutsch?**
a Wie heißen die Tiere auf Deutsch? Hört zu und sprecht nach.

der Hahn   das Schwein   die Kuh

die Schildkröte

die Ziege   der Vogel   die Biene

AB 1

b Arbeitet zu zweit. Wie machen die Tiere auf Deutsch? Hört zu und
sprecht nach. Nennt den Tiernamen.

Grunz grunz!   *Muh!*   *Mäh mäh!*
Sssssss!   *Piep piep!*
                    Kikeriki!

Der Hahn macht „kikeriki"!   *Und das Schwein …*

AB 2+3

c Und welches Tier macht „miau"? Welches macht „wauwau"?

3 Welches Tier ist das?

Spielt in der Klasse. Einer beschreibt ein Tier aus Aufgabe 2, die anderen raten. Wechselt ab.

Welches Tier ist das? Es ist rosa. Es macht „grunz grunz".

Ein Schwein! Und welches Tier ist das? Es ist weiß und braun. Es macht „mäh".

AB
4+5

4 Tierpantomimen und Rollenspiele

a Bastelt Tiermasken. Spielt mit Tiersprachen wie im Beispiel.

Muh! Ich bin eine Kuh!

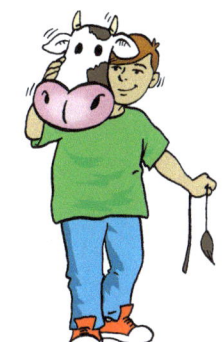

*Ich**muh** bin**muh** eine**muh** Kuh**muh**!*

32

b Die Tiere treffen sich. Was sagen sie? Hört zu und lest mit.

> Muuuuuuh!!!
> Ich heiße Moni Muh! Und du?
> Aus Österreich. Und du?

< Wie bitte? Wie heißt du?
< Ich heiße Susanne Summsumm – ssssssss. Und woher kommst du?
< Ich komme aus Deutschland.

> Hallo! Und wie heißt du?
> Minka! Miauuuuuu!
> In der Waldstraße 17. Und du? Miau?
> Phhh! Und ich Englisch: Meow!

< Bello! Wauwau! Und du? Wau!
< Und wo wohnst du?
< In der Lindenstraße 30. Wauwau! Ich spreche Spanisch: Guau guau!

c Macht kleine Rollenspiele wie in 4b. Filmt eure Pantomimen und Rollenspiele mit einem Handy.

Hören und Sprechen 3

1 Radio „HundundKatze": Babsie ist weg!

a Lest und überlegt: Was passt zusammen? Verbindet.

> Babsie ist meine Katze.

Ich suche …   Babsie!

| Babsie ist meine … | und sehr weich. |

| Sie spielt gern und sie ist … | ist Babsie? |

| Ihr Kopf … | Katze. |

| Ihre Augen … | ist weiß und schwarz. |

| Ihr Schwanz ist braun, ihre Ohren sind … | sind weiß. |

| Zwei Pfoten sind schwarz, zwei Pfoten … | sind blau. |

| Ihr Fell ist lang … | ganz schwarz. |

| Wo … | total lieb und süß. |

b Lest zu zweit wie im Beispiel. Wechselt ab.

c Hört jetzt Radio. Kontrolliert die Notizen aus Aufgabe 1a.

d Macht Fragen zu Babsie. Wer kann sie beantworten?

Was macht sie gern?

Wie ist ihr Kopf?   Wie sind ihre Augen?   Fell?   Pfoten?

Ohren?   Schwanz?

e Hört noch einmal und beantwortet die Fragen.

1 Wie alt ist Pascal?   2 Wo wohnt er?   3 Wie alt ist Babsie?

2 Radio „HundundKatze": Isabelle sucht Tell.

 **a** Hört zu und summt mit.

Sein Kopf ist weiß
und weiß sind seine Ohren.
Sein Fell ist schwarz,
ich habe ihn verloren.

Wer weiß, wo er ist?
Wer weiß, was er frisst?
Er ist so lieb, er ist so süß
und, und, und, und, und, und ...
Er ist mein allerliebster Hund!

Ja, er hat super lange Haare,
er hat ein super weiches Fell.
Und braun und schön sind seine Augen!
Ach ja, und er heißt einfach: „Tell".

Wo ist mein Hund, mein Tell? Ja, wer es weiß,
der kriegt von mir ein R-i-e-s-e-n-eis.

 b Hört noch einmal und singt das Lied.

 c Notiert Stichwörter zu Tell im Heft.

 d Arbeitet zu zweit. Stellt den Hund Tell vor.

Kopf: weiß
Fell: ...
Haare: ...
Ohren: ...
Wie ist er? ...
Augen: ...

3 Theater zum Lied

 Singt das Lied zu viert und spielt Pantomime.

Nett, frech, laut …

Ich kann den Charakter von Personen beschreiben.

1  **Er ist sehr cool …**
a Hört zu und beantwortet die Fragen.

Wie heißt die Schwester von Matthias?
Wie alt ist der Bruder von Florian?

nicht nett

Uli: cool

Matthias ist doof!

Stefanie:
frech und laut

Matthias

Florian

süß und lieb

nett und lustig

b Hört das Gespräch noch einmal. Wie sind Stefanie und Uli? Notiert im Heft.

Stefanie: frech, …

Uli: cool, …

frech	lustig
laut	süß
cool	lieb
nett	

AB 1

Paula: cool

2 Mein Deutsch

Sprecht zu zweit über Stefanie und Uli.

Den Charakter von Personen beschreiben

So frage ich
Wie ist Stefanie?
Ist Uli laut?

So antworte ich
Stefanie ist frech.
Nein, Uli ist nicht laut. Er ist cool.

AB 2

3 Pantomime

Jeder zieht ein Kärtchen und macht eine Pantomime. Die anderen raten: Wie ist er/sie?

AB 3

Meine Klasse

Ich kann über meine Klasse und Freunde sprechen.

1 **Freunde in der Klasse 4c**

a Lest den Text.

Wir sind die Klasse 4c aus der Goethe-Schule!

Das sind Tom und Mick. Sie lachen gern und sind sehr lustig. Tom und Mick hören gern Hip-Hop. Aber Tom malt nicht gern. Er mag Tiere. Er hat einen Hund – Bello. Mick singt nicht gern. Er schwimmt gern und fährt gern Ski . Er hat eine Katze. Tom und Mick mögen Eis und Schokolade. Ihr Lieblingsfach ist Sport. Sie lieben Fußball! Das sind Laura und Annette …

Wir mögen Fußball!

Wir sind Freunde!

Tom   Mick

b Tom oder Mick? Wer sagt das? Arbeitet zu zweit.

Tom ist mein Freund.

Ich habe eine Katze.

Ich habe einen Hund.

Ich male nicht gern.

Ich fahre gern Ski.

Ich höre gern Hip-Hop.

Ich singe nicht gern.

Ich mag Eis.

„Tom ist mein Freund."
Das sagt Mick.

Genau! „Ich habe eine …"
Das sagt …

AB 1

2 Mein Deutsch

a Sprecht zu zweit über Tom und Mick. Was machen sie gern?

Über andere sprechen: *sie*

Was mach**en** **sie** gern / nicht gern?	Tom und Mick hör**en** gern Hip-Hop.
Was mög**en** **sie** gern / nicht gern?	Tom und Mick mög**en** Eis und Schokolade.
	Sie mög**en** Fußball.
Wie **sind sie**?	**Sie sind** sehr lustig.

b Und ihr? Was mögt ihr? Was macht ihr gern? Erzählt zu zweit.

Über uns sprechen: *wir*

Wir sind die 4c. **Wir sind** Freunde. **Wir** mög**en** Fußball.

malen	**wir** mal**en**
	sie mal**en**
spielen	**wir** spiel**en**
	sie spiel**en**
…	

Wir fahren gern Ski.

Wir spielen gern Fußball.

Das ist total einfach!

AB 2–4

3 Das sind wir vier!

Arbeitet jetzt zu viert. Schreibt einen Text.

Das sind wir vier!

Wir heißen …	Wir wohnen in …	Wir gehen in die Klasse …
Wir mögen …	Wir sind …	Wir spielen gern …

Portfolio

Medien

4 Unser Video: Das Schulfest

a Seht das Foto an: Was ist hier los?

Wo sind die Schüler?
Was machen die Schüler?
Was denkt die Lehrerin?

b Seht das Video. Was machen die Schüler?

c Das Gedicht ist durcheinander. Ordnet es und lest es vor.

Unsre Lehrerin heißt Schmidt.

… und dann noch dieses blonde Haar!

Ihre Augen sind ganz blau,

Sie ist wirklich super fit.

sie ist eine tolle Frau!

Frau Schmidt ist einfach wunderbar!

Genau, Genau!

Du hast recht.

Wun-der-bar …

5 Macht Videos

Macht zwei Gruppen. Sprecht den Schul-Rap.

Gruppe A	Gruppe B
Sprichst du gerne Deutsch?	Ja klar!
Und hörst du gern Musik?	Yes!
Machst du gerne Mathe?	Puh!
Und was ist mit Physik?	Au weh!
Schwimmst du gern,	
singst du gern	
machst du gerne Sport?	Ja!
Dann komm doch in die Schule,	
das ist ein super Ort!	Genau!
Und machst du gerne Hausaufgaben?	Ooooh …
Du kannst gerne meine haben!	Nein, nein, nein,
	lass das bitte sein!

Auf Deutsch, bitte!

Ich kann meinen Lehrer / meine Lehrerin verstehen.

1 **Komm mal bitte an die Tafel!**

a Was sagt der Lehrer? Hört zu und lest mit. Zeigt auf die richtigen Bilder.

Dimitri, sag das bitte auf Deutsch!

Nicht so laut, bitte!

Komm mal bitte an die Tafel!

① *Jetzt du, Sarah, wiederhole das, bitte!*

Ich male gern.

Ich ma…

②

③

④

b Jetzt ihr! Spielt die Szenen in der Klasse. Einer ist der Lehrer / die Lehrerin, die anderen sind die Schüler. Tauscht die Rollen.

Komm mal bitte an die Tafel!

Jetzt nicht!

AB 1

2 Nicht alle auf einmal, bitte!

a Seht die Bilder an. Was ist hier los?

Ⓑ

Ⓐ

Ⓒ

Ⓓ

Ⓔ

① Nicht alle auf einmal!

② Meldet euch, bitte!

③ Macht die Bücher auf, bitte!

④ Arbeitet zu zweit!

⑤ Macht die Hefte zu, bitte!

 37 **b** Hört zu. Was passt zusammen?
Notiert im Heft.

Situation 1: Bild B,
Situation 2: ...

 AB 2

  c Arbeitet zu zweit. Wie heißen die Sätze?

Melde bitte!

Arbe weit!

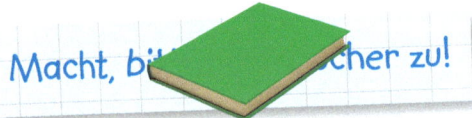
Macht, bi cher zu!

Nicht bitte!

Komm die Tafel!

 AB 3

3 Im Unterricht – Spielszenen

a Hört zu und lest mit.

b Arbeitet in Gruppen. Jede Gruppe wählt eine Situation.
Lest die Dialoge laut.

Situation 1

> Wieviel ist 22 und 71?
< 93!
< 83!
< 95!
> Oh je! Meldet euch, bitte! Luka?
< 83!
> Leider falsch! Darica?
< 93!
> Super!

Situation 2

> Wer kommt an die Tafel?
< Ich!
< Ich!
< Ich!
> Nicht alle auf einmal! Tim,
komm bitte an die Tafel!
< Oooooh, schade!

Situation 3

> Wie heißt das auf Deutsch, Dimitri?
< Keine Ahnung.
> Maria, wie heißt das auf Deutsch?
< Ich weiß nicht.
> Oh je! Hamid?
< Hm … Heft?
> Nein! Das heißt Tafel, die Tafel.
Noch einmal alle, bitte.

c Macht ähnliche Dialoge. Spielt kleine Szenen in der Klasse.

4 Lernplakat – Das sagt unser Lehrer / unsere Lehrerin

Was sagt euer Lehrer / eure Lehrerin auf Deutsch? Macht ein Plakat
und hängt es neben das Plakat „Unsere Klassensprache".

Portfolio

Hören und Sprechen 4

1 Dialog-Rallye

a Wählt von zwei Farben einen Satz oder eine Frage links. Was passt rechts? Schreibt zwei Minidialoge ins Heft.

Darf ich auf die Toilette?   In der Sonnenstraße 85.
Wo wohnt Erika?   Er ist schon 88! Und er mag Sport!
Wie alt ist dein Opa?   Na klar! Aber nicht jetzt!

Wem gehört die Schultasche?
Sprichst du Englisch?

Ist das eine Katze?

Yes, und Spanisch und Deutsch!
Mensch, das ist doch keine **Katze**, das ist …
Die gehört Sarah!

Alles Gute zum Geburtstag, lieber Peter!

Hallo, ich habe deinen Hund gefunden!
Ich gehe nicht zum Tierarzt.

Ja, das ist er, mein Bello!
Er ist sehr frech!

Ja, ich weiß, das macht deine Mama!
Mensch, **Petra** hat heute Geburtstag!
P-e-t-r-a, nicht Peter!

Was macht ihr nicht gern?
Mach das Buch zu, bitte!
Du bist echt frech!

Aber mein Buch **ist** zu!
Ich? Also **so was**! Ich bin total **lieb**!
Wir fahren nicht gern Ski und
wir schwimmen nicht gern.

b Lest die beiden Dialoge zu zweit vor.

 Darf ich auf die Toilette?    Na …

c Zu welchen Dialogen passen die Zeichnungen? Spielt die Dialoge vor.

d Findet die anderen Minidialoge und lest sie laut.

2 Du bist nett!

a Hört zu, spielt den Dialog zu zweit.

39

> Du bist nett!
< Du hast recht! Ich bin sehr nett!
> Und du bist cool!
< Stimmt! Ich bin super cool!
> Und du bist lieb!
< Genau! Ich bin total lieb!
> Und du bist echt frech!
< Stimmt genau … äh, frech?
  Ich bin nicht frech! Also **so** was!
  Du bist frech! Und **tschüs**!

nett
cool
lieb ☺
süß
lustig

frech
laut ☹
doof

b Und jetzt ihr! Macht Dialoge wie in Aufgabe 2a.

3 Lehrer und Schüler

40

Macht zwei Gruppen (Lehrer und Schüler). Hört das Beispiel und spielt die Dialoge. Tauscht dann die Gruppen.

> Nicht so laut, bitte!
> Macht die Hefte zu, bitte!
> Macht die Bücher auf, bitte!
> Meldet euch, bitte!
> Arbeitet zu zweit!
> Sagt das bitte auf Deutsch!

> Wiederholt das, bitte!

Aber…
< … wir **sind** nicht laut!
< … die Hefte **sind** doch zu!
< … die Bücher **sind** doch auf!
< … wir **melden** uns doch!
< … wir **arbeiten** doch zu zweit!
< … wir **sagen** das doch auf Deutsch!
< … wir **wiederholen** das doch!

Ich backe Plätzchen.

Der Adventskranz hat vier Kerzen.

Das ist mein Adventskalender.

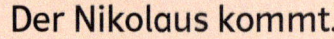

Advent, Advent

Advent, Advent, ein Lichtlein brennt!
Bald kommt die frohe, selige Zeit.
Weihnacht, Weihnacht ist nicht mehr weit.

Der Schnee, der Schnee kommt von der Höh',
draußen im Wald der Tannenbaum
träumt schon seinen Weihnachtstraum.

Und huckepack mit seinem Sack
geht nun bald von Haus zu Haus
der gute, alte Nikolaus.

Der Nikolaus kommt.

41

1 **Hört das Lied „Advent, Advent" und lernt es auswendig.**
2 **Was macht ihr im Advent?**
3 **Was ist im Sack vom Nikolaus?**

AB 1

Weihnachten

Ich zünde Kerzen an.

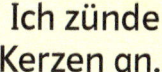

Ich feiere mit meiner Familie.

Ich schmücke den Tannenbaum mit Weihnachtskugeln.

Ich bekomme Geschenke.

DEZEMBER 24 HEILIGABEND
DEZEMBER 25
DEZEMBER 26

Lecker: Bratapfel!

Der Bratapfel

Kinder, kommt und ratet,
was im Ofen bratet!
Hört, wie's knallt und zischt.
Bald wird er aufgetischt,
der Zipfel, der Zapfel,
der Kipfel, der Kapfel,
der gelbrote Apfel.

Sie pusten und prusten,
sie gucken und schlucken,
sie schnalzen und schmecken,
sie lecken und schlecken
den Zipfel, den Zapfel,
den Kipfel, den Kapfel,
den knusprigen Apfel.

Autor unbekannt

 42

43

1 Wie feiert ihr Weihnachten?
2 Welche Weihnachtsgeräusche erkennt ihr?
3 Welche Weihnachtsgedichte und -lieder kennt ihr?
4 Hört das Gedicht „Der Bratapfel" und sprecht es nach.

AB 1

DEZEMBER
31
SILVESTER

Am 31. Dezember um Mitternacht feiern wir das neue Jahr.

Frohes neues Jahr!

Wir schreiben Karten.

Wir feiern eine Silvesterparty.

Wir sehen das Feuerwerk an.

1 Wie feierst du Silvester?
2 Sammelt Neujahrsglückwünsche in verschiedenen Sprachen.
 44
3 Welche Silvestergeräusche erkennst du?

Fasching

Viele Kinder verkleiden sich als Clowns.

In Süddeutschland und in der Schweiz tragen Leute auch Holzmasken.

Kinder und Erwachsene essen gerne Krapfen.

Karnevalsumzug in Mainz

Kinder feiern eine Faschingsparty.

1 Fasching, Fastnacht, Karneval? Wie heißt das in eurer Sprache?
2 Wie feiert ihr Fasching?
3 Wie verkleidet ihr euch? Malt euer Lieblingskostüm.

AB 1

Ostern
Kunterbuntes

KARFREITAG · OSTERSONNTAG · OSTERMONTAG

Ich male die Ostereier an.

Wir schmücken Bäume mit Ostereiern.

Frohe Ostern!
(Deutsch)

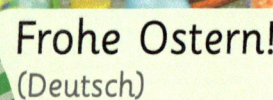

Happy Easter!
(Englisch)

Joyeuses Pâques!
(Französisch)

¡Felices Pascuas!
(Spanisch)

Der Osterhase bringt die Ostereier.

Pasqua Felice!
(Italienisch)

Ich suche Ostereier im Garten.

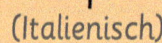

Feliz Páscoa!
(Portugiesisch)

Καλό Πάσχα!
(Griechisch)

 45

1 **Wie feiert ihr Ostern?**
2 **Was esst ihr an Ostern?**
3 **Hört das Gedicht und lernt
  es auswendig.**

An Ostern hat der Osterhase
eine Osterhasenschokoladennase.

 AB 1

Sommerferien

in die Ferien fahren

...

feiern

Ferien

Hurra, hurra!
Die Ferien sind nun da!

Die Schule ist vorbei,
und wir sind endlich frei.
Jeder Tag ist jetzt ein Fest,
und wir schreiben keinen Test!
Wir fahren mit dem Rad,
zum Schwimmen in das Bad.
Und auch ans blaue Meer,
das gefällt uns sehr!
Wir klettern auf den Berg
und skaten in der Stadt,
das alles kann man machen,
wenn man Ferien hat.

Hurra, hurra!
Die Ferien sind nun da!

46 **1 Hört und lest das Gedicht „Ferien".**
2 Was machst du in den Ferien gern?

AB 1+2

Das Paula-Spiel

Das können wir!

- Spielt zu viert.
- Wer die höchste Zahl würfelt, fängt an.
- Löst die Aufgaben. Kontrolliert in der Gruppe.
- Wenn ihr auf diese Felder kommt, dann macht das:

 **Pause!**

 **Steh auf.**

 **Hüpf hoch.**

 **Geh in die Hocke.**

 **Breite die Arme aus.**

- Wer zuerst im Ziel ist, hat gewonnen.

 Welches Tier ist das?

Was machst du mit Rex?

Rechne auf Deutsch: 40 + 2 + 5 = ?

Sag drei Farben auf Deutsch.

Du und dein Freund / deine Freundin: Was macht ihr gern?

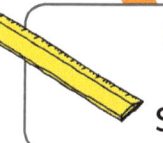 Ist das eine Schere?

Welches Tier macht „mäh mäh"?

Was sagt der Lehrer?

der, *das* oder *die*? Lampe – Schrank – Regal

Sag eine Schulsache mit: B… / S… / T…

Ziel

Was macht Tanja?

Was machst du gern?

Wie ist …? Beschreibe einen Partner / eine Partnerin.

Was ist das?

Wie heißen die Zahlen auf Deutsch? 87 – 23 – 55

lieb – cool lustig: Spiel Pantomime.

Wie ist deine Adresse?

Wie macht das Tier auf Deutsch?

Frag einen Partner / eine Partnerin: Wo wohnst du?

 **Start**

Haustiere in Deutschland

In Deutschland leben ca. 31 Millionen Haustiere. Das beliebteste Haustier ist die Katze (11,8 Mio.). Kleine Haustiere wie Kaninchen, Hamster, Meerschweinchen und Vögel (zusammen ca. 9,9 Mio.) mögen die Menschen auch sehr gern. Auf Platz drei kommt der Hund (6,8 Mio.).
Und was denkt ihr? Wie ist das in eurem Land?

 47

Unser Onkel hat 'nen Bauernhof

Unser Onkel hat 'nen Bauernhof, hia hia ho.
Und da laufen ein paar Hühner rum, hia hia ho.
Es macht tuk tuk hier, es macht tuk tuk da,
tuk tuk hier, tuk tuk da, tuk tuk überall.
Unser Onkel hat 'nen Bauernhof, hia hia ho.
Und da laufen ein paar Gänse rum, hia hia ho.
Es macht gack gack hier, es macht gack gack da,
gack gack hier, gack gack da, gack gack überall.
Unser Onkel hat 'nen Bauernhof, hia hia ho.
Und da laufen ein paar Ziegen rum, hia hia ho.
Es macht meck meck hier, es macht meck meck da,
meck meck hier, meck meck da, meck meck überall.
Unser Onkel hat 'nen Bauernhof, hia hia ho.
Und da laufen ein paar Kühe rum, hia hia ho.
Es macht muh muh hier, es macht muh muh da,
muh muh hier, muh muh da, muh muh überall.
Unser Onkel hat 'nen Bauernhof, hia hia ho!

Zungenbrecher und Reime

1 Zehn Ziegen ziehen zehn Zentner Zucker zum Zoo.

2 Die Katzen kratzen im Katzenkasten, im Katzenkasten kratzen die Katzen.

3 In der ganzen Hunderunde sah man nichts als runde Hunde.

4 Der Spatz spaziert früh und spät im Spinat.

5 Acht alte Ameisen aßen am Abend Ananas.

Mitten auf der Elbe schwimmt ein Krokodil,

wackelt mit dem Schwanze, weiß nicht, was es will.

Bitte, gehen Sie rechts, und bitte, gehen Sie links,

denn so 'n Krokodil is 'n gefährlich Dings.

Farben in D-A-CH

D	A	CH

Quellen

S. 7   iStockphoto (PeopleImages), Calgary, Alberta

S. 12   Shutterstock (defotoberg), New York

S. 13   Zelt: Shutterstock (Chen_108), New York; Junge/Mädchen: iStockphoto (PeopleImages), Calgary, Alberta

S. 14   li.: iStockphoto (Renphoto), Calgary, Alberta; re.: Shutterstock (Hurst Photo), New York

S. 16   linke Hand: Shutterstock (rebirth3d), New York; rechte Hand: Shutterstock (Andrei Shumskiy), New York

S. 17   iStockphoto (ruizluquepaz), Calgary, Alberta

S. 22   Lied: *Das ist eine Banane*; nach: Martha Schneider, aus: Heinz Göbel, Traudel Müller und Martha Schneider, „Du und ich", © Langenscheidt, München 1983

S. 24   Fotolia.com (tetyanaustenko), New York; Shutterstock (Liquorice Legs), New York

S. 25   Helen Schmitz

S. 26   Auto: Helen Schmitz; Uhr: Shutterstock (silm), New York; Laptop: Shutterstock (Bojan Dzodan), New York; Brille: Shutterstock (Yoki5270), New York; Lineal: Shutterstock (Dominik Hladik), New York; Schultasche: Shutterstock (Karkas), New York; Schokolade: Shutterstock (prapass), New York; Bleistift: Shutterstock (studioVin), New York

S. 27   li.: Fotolia.com (julialine802), New York; re.: Fotolia.com (auremar), New York

S. 33   Fisch: Shutterstock (Gunnar Pippel), New York; Meerschweinchen: Shutterstock (Photok.dk), New York; Schildkröte: Shutterstock (cynoclub), New York; Hamster: Shutterstock (Elya Vatel), New York; Hund: Shutterstock (Zuzule), New York; Jungen: Shutterstock (Sergey Novikov), New York

S. 34   Shutterstock (Zuzule), New York

S. 35   Fisch: Shutterstock (Gunnar Pippel), New York; Meerschweinchen: Shutterstock (Photok.dk), New York; Schildkröte: Shutterstock (cynoclub), New York; Hamster: Shutterstock (Elya Vatel), New York; Kaninchen: Shutterstock (Eric Isselee), New York

S. 42   Helen Schmitz

S. 46   Shutterstock (Sergey Novikov), New York

S. 48   Helen Schmitz

S. 50   oben: Fotolia.com (Africa Studio), New York; sich melden: Shutterstock (CristinaMuraca), New York; Buch: iStockphoto (studiocasper), Calgary, Alberta; Füße: Fotolia.com (Maridav), New York; Partnerarbeit: Fotolia.com (pressmaster), New York; leise: Shutterstock (BlueSkyImage), New York

S. 52   Helen Schmitz

S. 54   Junge: Nadine Ritz-Udry; Adventskranz: Fotolia.com (Bomix), New York; Adventskalender: Fotolia.com (exclusive-design), New York; Nikolaus: shutterstock (malamalama); Plätzchen: Fotolia (Marina Lohrbach), New York; Gedicht/Lied: *Advent, Advent*; traditionell

S. 55   oben li.: Fotolia.com (pressmaster), New York; oben Mitte: Dreamstime.com (Viktorija Krusnauskiene), Brentwood, TN; oben re.: Fotolia.com (Kzenon), New York; Tannenbaum: iStockphoto (quavondo), Calgary, Alberta; Krippe: iStockphoto (lisafx), Calgary, Alberta; Mitte re.: Fotolia.com (brainsil), New York; unten li.: Fotolia.com (photocrew), New York; Gedicht: *Der Bratapfel*; traditionell

S. 56   Glückssymbole: shutterstock (Frank Fiedler), New York; Uhr: Fotolia.com (lily), New York; Feuerwerk: Shutterstock (Carlos E. Santa Maria), New York; Party: Shutterstock (MANDY GODBEHEAR), New York

S. 57   oben li./Mitte li: Shutterstock (HLPhoto), New York; unten li.: Shutterstock (gosphotodesign), New York; Mitte re.: Shutterstock (Rainer Albiez), New York; unten re.: Shutterstock (Patrick Poendl), New York

S. 58   oben li.: Shutterstock (Africa Studio), New York; Eier: Fotolia (yumid), New York; oben re.: Shutterstock (Jjustas), New York; Mitte re.: Shutterstock (Karin Jaehne), New York; unten re.: Shutterstock (Air Images), New York

S. 59   Shutterstock (Sergey Novikov), New York

S. 60   Spielfiguren: Fotolia.com (sunnychicka), New York; Würfel: Fotolia.com (Christa Eder), New York; Startflagge: Fotolia.com (Markus Dehlzeit), New York

S. 61   Startflagge: Fotolia.com (Markus Dehlzeit), New York; Kaninchen: Shutterstock (Eric Isselee), New York

S. 62   Lied: *Unser Onkel hat 'nen Bauernhof*; nach engl. Überlieferung

S. 63   li.: Shutterstock (Art Konovalov), New York; Mitte: Shutterstock (Tupungato), New York; re.: Shutterstock (Natali Glado), New York; Schilder: Shutterstock (Stephen Finn), New York